Die Deutschprofis **A1**

Wörterheft

Ernst Klett Sprachen
Stuttgart

Informationen und zu diesem Titel passende Produkte finden Sie auf
www.klett-sprachen.de/die-deutschprofis

Projektteam Maria Krumnow, Enikő Rabl
Herstellung, Layout Claudia Stumpfe
Satz, Gestaltung Regina Krawatzki, Stuttgart
Illustrationen Zoltán Jécsai, Budapest; Vera Brüggemann, Bielefeld (S. 43)
Umschlaggestaltung Sabine Kaufmann
Reproduktionen Meyle + Müller, Medien-Management, Pforzheim

1. Auflage 1 ^{12} ^{11} ^{10} | 2026 25 24

Druck und Bindung Elanders Waiblingen GmbH

ISBN:978-3-12-676472-8

INHALT

Hör zu. _____

Hör noch einmal. _____

Hör das Lied. Sing mit. _____

Was hörst du? Wähl aus. _____

Zeig auf das Bild. _____

Sieh die Fotos an. _____

Lies den Text. _____

Sortiere die Wörter. _____

Was fehlt? Ergänze. _____

Was passt? Kreuz an. _____

Was passt zusammen? Verbinde. _____

Ordne die Bilder zu. _____

Ordne den Dialog. _____

Schreib die Wörter auf. _____

Bau Sätze. _____

Schreib einen Text. _____

Schreib in dein Heft. _____

Markiere. _____

Lies vor. _____

Fragt und antwortet. _____

Sprecht wie im Beispiel. _____

Spielt den Dialog. _____

Antworte. _____

Erzähle. _____

Vergleiche. _____

Lös das Rätsel. _____

Guten Tag! Hallo!

Guten T<u>a</u>g!   Guten Tag, Frau Weiß! _____

H<u>a</u>llo!   Hallo, Max! _____

Tsch<u>ü</u>ss! _____

Auf W<u>ie</u>dersehen! _____

Fr<u>au</u>   Frau Weiß _____

H<u>e</u>rr   Herr Schwarz _____

Guten Morgen! Guten Abend!

Guten M<u>o</u>rgen! _____

Guten <u>A</u>bend! _____

Gute N<u>a</u>cht! _____

Wer bist du?

<u>i</u>ch   Ich bin Lina. _____

d<u>u</u>   Wer bist du? _____

Ich **b<u>i</u>n** …   Ich bin Tina. _____

Du **b<u>i</u>st** …   Du bist Tim. _____

Ich **h<u>ei</u>ße** …   Ich heiße Tina. _____

Du **h<u>ei</u>ßt** …   Du heißt Tim. _____

W<u>ie</u>?   Wie heißt du? _____

W<u>ie</u> b<u>i</u>tte? _____

Wer?	Wer ist das?	_____
das	Das ist Emma.	_____
ja	Ja, ich bin Jan.	_____
nein	Nein, wer bin ich?	_____
und	Ich bin Lina und das ist Tom.	_____

Wie geht's?

Wie geht's?		_____
sehr gut	☺ ☺	_____
gut	☺	_____
es geht	☺	_____
schlecht	☹	_____
danke	Danke, gut!	_____
Und dir?		_____
auch	Auch gut.	_____

gern	Das mache ich gern. ☺	_____
malen, malt	Ich male gern.	_____
rennen, rennt	Ich renne gern.	_____
schreiben, schreibt	Ich schreibe gern.	_____
singen, singt	Ich singe gern.	_____
spielen, spielt	Ich spiele gern.	_____
schwimmen, schwimmt	Ich schwimme gern.	_____

Was machst du gern?

Was?		_____
machen, macht	Was machst du gern?	_____
Sport machen	Ich mache gern Sport.	_____
Hobby	Was ist dein Hobby?	_____
Fußball spielen	Ich spiele gern Fußball.	_____
Computerspiele spielen	Ich spiele gern Computerspiele.	_____
Gitarre spielen	Ich spiele Gitarre.	_____
klettern, klettert	Du kletterst gern.	_____
tanzen, tanzt	Du tanzt gern.	_____
Musik hören	Ich höre gern Musik.	_____
skaten, skatet	Du skatest gern.	_____

Kar<u>a</u>te machen	Ich mache Karate.	_____
telefon<u>ie</u>ren, telefon<u>ie</u>rt	Ich telefoniere gern.	_____
r<u>ei</u>ten, r<u>ei</u>tet	Du reitest gern.	_____
r<u>i</u>chtig	Ja, richtig.	_____
f<u>a</u>lsch	Nein, falsch.	_____
n<u>i</u>cht gern	Das mache ich nicht gern. ☹	_____

Meine Hobbys

Mus<u>i</u>k machen	Sibel macht Musik.	_____
T<u>e</u>nnis spielen	Carla spielt Tennis.	_____
<u>e</u>r	Er tanzt.	_____
s<u>ie</u>	Sie reitet.	_____

Zahlen

l<u>a</u>chen, l<u>a</u>cht	Hahaha, Felix lacht.	_____
N<u>u</u>mmer	Felix ist Nummer zehn.	_____
B<u>a</u>sketball spielen	Nummer zehn spielt Basketball.	_____

Zahlen 1–10

null _____

eins _____

zwei _____

drei _____

vier _____

fünf _____

sechs _____

+ sieben _____

+ acht _____

+ neun _____

+ zehn _____

MEINE FAMILIE 4

der	der Vater	_____
die	die Mutter	_____
das	das Kind	_____
der **Vater**	Das ist der Vater.	_____
die **Mutter**	Das ist die Mutter.	_____
das **Kind**	Das ist das Kind.	_____
der **Großvater**	Das ist der Großvater.	_____
die **Großmutter**	Das ist die Großmutter.	_____

Familie Klein

die **Familie**	Das ist Familie Klein.	_____
der **Opa**	Der Opa heißt Hans.	_____
die **Oma**	Die Oma heißt Inge.	_____
der **Sohn**	Der Sohn heißt Tom.	_____
die **Tochter**	Die Tochter heißt Emma.	_____
das **Baby**	Das Baby lacht.	_____
die **Tante**	Die Tante heißt Claudia.	_____
der **Onkel**	Der Onkel reitet.	_____
die **Kuh**	Die Kuh heißt Ella.	_____
das **Pferd**		_____
der **Hase**		_____
es	Das ist das Baby. Es heißt Emil.	_____
die **Schwester**	Emma ist die Schwester von Tom.	_____

der **Bruder**	Tom ist der Bruder von Emma.	_____
die **Eltern**	Der Vater und die Mutter sind die Eltern.	_____
die **Großeltern**	Die Großmutter und der Großvater sind die Großeltern.	_____
das **Kind**, die Kinder	Der Sohn und die Tochter sind die Kinder.	_____
das **Tier**, die Tiere	Die Kuh und das Pferd sind die Tiere.	_____
sie	Sie heißen Doris und Markus.	_____
von	Sie sind die Eltern von Tom.	_____

Ja oder nein?

ein	ein Hase, ein Pferd	_____
eine	eine Kuh	_____
oder	Ist das ein Hase oder ein Baby?	_____
der **Mann**		_____
die **Frau**		_____
der **Junge**		_____
das **Mädchen**		_____

der **Hund** _____

die **Katze** _____

Mein oder dein?

mein, meine Das ist mein Hund. _____

dein, deine Ist das deine Katze? _____

die **Zahl** Ist deine Zahl zwölf? _____

Zahlen 11–20

11	elf	16	sechzehn
12	zwölf	17	siebzehn
13	dreizehn	18	achtzehn
14	vierzehn	19	neunzehn
15	fünfzehn	20	zwanzig

das **Jahr,** die Jahre 9 Jahre _____

alt Ich bin 9 Jahre alt. _____

der **Freund** Das ist mein Freund. _____

die **Freundin** Das ist meine Freundin. _____

Woher?	Woher kommst du?	_____
kommen, kommt	Ich komme aus Österreich.	_____
aus	Kommst du aus Deutschland?	_____
Deutschland		_____
Österreich		_____
die **Schweiz**		_____

Kinder in D-A-CH

wohnen, wohnt	Wo wohnt Tanja?	_____
in	Tanja wohnt in Hamburg.	_____
sprechen, spricht	Emre spricht Deutsch und Türkisch.	_____
fahren, fährt		_____
Ski fahren	Sie fährt gern Ski.	_____
Fahrrad fahren	Er fährt gern Fahrrad.	_____
Flöte spielen	Sie spielt Flöte.	_____
lesen, liest	Liest du gern?	_____
viel	Sie skaten viel.	_____
sehr	Er liest sehr gern.	_____
der **Name**	Der Name ist Tanja.	_____
das **Alter**	Das Alter ist 12 Jahre.	_____
die **Stadt**	Die Stadt ist in Österreich.	_____
das **Land**	Die Schweiz ist ein Land.	_____

die **Spr<u>a</u>che**	Deutsch ist eine Sprache.	_____
das **H<u>o</u>bby**	Das Hobby von Tanja ist skaten.	_____
W<u>o</u>?	Wo wohnst du?	_____
Wie <u>a</u>lt bist du?		_____

Autos, Städte, Zahlen

das **<u>Au</u>to**	Das Auto kommt aus Deutschland.	_____
die **Telef<u>o</u>nnummer**	Wie ist deine Telefonnummer?	_____
s<u>o</u>	So sprichst du das Ü.	_____

Zahlen 21–100

21 <u>ei</u>nundzwanzig		26 s<u>e</u>chsundzwanzig
22 zw<u>ei</u>undzwanzig		27 s<u>ie</u>benundzwanzig
23 dr<u>ei</u>undzwanzig		28 <u>a</u>chtundzwanzig
24 v<u>ie</u>rundzwanzig		29 n<u>eu</u>nundzwanzig
25 f<u>ü</u>nfundzwanzig		30 dr<u>ei</u>ßig

10 zehn		60 sechzig
20 zwanzig		70 siebzig
30 dreißig		80 achtzig
40 vierzig		90 neunzig
50 fünfzig		100 (ein)hundert

Berühmt in D-A-CH

der **Fan**	Ich bin ein Fan von Sebastian Vettel.	_____
mögen, mag	Ich mag die Musik von Mozart.	_____
der **Schriftsteller**		_____
die **Schriftstellerin**	Ich mag die Schriftstellerin Cornelia Funke.	_____
der **Komponist**	Mozart ist ein Komponist.	_____
die **Komponistin**		_____
der **Schauspieler**	Wie heißt der Schauspieler?	_____
die **Schauspielerin**		_____
der **Weltmeister**	Thomas Müller ist Weltmeister.	_____
die **Weltmeisterin**		_____
der **Lieblingsspieler**	Er ist mein Lieblingsspieler.	_____

Klavier spielen   Ich spiele Klavier.   _____

schön   Die Musik ist sehr schön.   _____

der **Sportler**   Er ist ein Sportler aus Deutschland.   _____

die **Sportlerin**   _____

der **Fußballspieler**   Thomas Müller ist ein Fußballspieler.   _____

die **Fußballspielerin**   _____

Na klar!   Magst du Sport? – Na klar!   _____

die **Schokolade**   Ich mag Schokolade.   _____

der **Pop**   Ich mag Pop-Musik.   _____

der **Comic**, die Comics   Ich lese gern Comics.   _____

die **Schulsachen**

Das sind meine Schulsachen. _____

das **Buch**, die Bücher _____

die **Schultasche**,
die Schultaschen _____

die **Brotdose**,
die Brotdosen _____

die **Trinkflasche**,
die Trinkflaschen _____

der **Malkasten**,
die Malkästen _____

das **Mäppchen**,
die Mäppchen _____

die **Schere**, die Scheren _____

das **Heft**, die Hefte _____

der **Klebestift**,
die Klebestifte _____

der **Radiergummi**,
die Radiergummis _____

der **Buntstift**,
die Buntstifte _____

der **Füller**, die Füller _____

der **Pinsel**, die Pinsel _____

der **Kuli**, die Kulis _____

der **Block**, die Blöcke _____

der **Bleistift**, die Bleistifte _____

das **Lineal**, die Lineale _____

die **Mappe**, die Mappen _____

der **Spitzer**, die Spitzer _____

Was ist das? _____

auf Deutsch   Wie heißt das auf Deutsch? _____

Mein Füller ist blau

kein, keine   Das ist kein Kuli, das ist ein Füller. _____

die **Farbe**, die Farben   Was ist deine Lieblingsfarbe? _____

rot _____

gelb _____

grün _____

blau _____

schwarz _____

weiß _____

braun _____

grau _____

rosa _____

lila _____

orange _____

klein

groß

dünn

dick

kurz

lang

leicht

schwer

rund

eckig

Das Dingsda ist rund

das **Dịngsda**   Das Dingsda ist klein und   _____
                                    leicht.

mịt   Mit dem Dingsda   _____
                                    telefoniere ich.

fotografieren,   Ich fotografiere mit dem   _____
                                    Handy.
fotografiert

das **Hạndy**, die Hạndys   _____

das **Stọfftier**,   _____

die Stọfftiere

die **Brịlle**, die Brịllen

der **Schlụ̈ssel**,   _____

die Schlụ̈ssel

der **Fạhrradhelm**,   _____

die Fạhrradhelme

der **Tạschenrechner**,   _____

die Tạschenrechner

der **Compụter**,   _____

die Compụter

der **Bạll**, die Bạ̈lle   _____

lẹrnen, lẹrnt   Ich lerne viel.   _____

rẹchnen, rẹchnet   Ich rechne gern.   _____

Glụ̈ck bringen   Das Stofftier bringt Glück.   _____

Ich brauche den Pinsel

brauchen, braucht	Das Kind braucht einen Pinsel.	_____
das **Foto**, die Fotos	Sie machen ein Foto.	_____
haben, hat	Ich habe keinen Radiergummi.	_____
hier	Hast du einen Spitzer? – Ja, hier!	_____
die **Sporttasche**, die Sporttaschen	Ist das deine Sporttasche?	_____

Viele Dinge

Wie viele?	Wie viele Bücher hast du?	_____
der / das **Bonbon**, die Bonbons	Da sind zehn Bonbons.	_____
da	Da sind auch vier Bälle.	_____
kaufen, kauft	Lisa kauft Hefte.	_____
alles	Ich brauche zwei Hefte. – Ist das alles?	_____

das **H<u>au</u>s**, die H<u>äu</u>ser	Das Haus ist groß und schön. _____
der **G<u>a</u>rten**, die G<u>ä</u>rten	Der Garten ist klein und grün. _____
die **T<u>ü</u>r**, die T<u>ü</u>ren	Die Tür ist braun. _____
das **F<u>e</u>nster**, die F<u>e</u>nster	Die Fenster sind klein. _____
das **Z<u>i</u>mmer**, die Z<u>i</u>mmer	Das Haus hat sieben Zimmer. _____
das **W<u>o</u>hnzimmer**	Das Wohnzimmer ist groß. _____
das **Schl<u>a</u>fzimmer**	Das Haus hat zwei Schlafzimmer. _____
das **<u>E</u>sszimmer**	Das Haus hat kein Esszimmer. _____
die **K<u>ü</u>che**, die K<u>ü</u>chen	Die Küche ist klein. _____
das **B<u>a</u>d**, die B<u>ä</u>der	Wo ist das Bad? _____
der **Balk<u>o</u>n**, die Balk<u>o</u>ne	Das Wohnzimmer hat einen Balkon. _____

Wo macht ihr was?

<u>i</u>hr	Spielt ihr im Kinderzimmer? _____
w<u>i</u>r	Wir spielen im Wohnzimmer. _____
k<u>o</u>chen, k<u>o</u>cht	Wir kochen in der Küche. _____
schl<u>a</u>fen, schl<u>ä</u>ft	Wir schlafen im Schlafzimmer. _____
d<u>u</u>schen, d<u>u</u>scht	Wir duschen im Bad. _____
<u>e</u>ssen, <u>i</u>sst	Wir essen auf dem Balkon. _____
s<u>i</u>tzen, s<u>i</u>tzt	Wir sitzen im Wohnzimmer. _____
das **K<u>i</u>nderzimmer**	Ich spiele im Kinderzimmer. _____
l<u>u</u>stig	Wir spielen im Bad Gitarre. – Das ist lustig. _____
t<u>o</u>ll	Wir spielen im Garten Fußball. – Toll! _____

Wirklich?

Wir lesen im Bad. – Wirklich? _____

Das glaube ich nicht!

Wir duschen im Garten. –
Das glaube ich nicht! _____

Sein Zimmer, ihr Zimmer

der **Tisch**, die Tische _____

der **Stuhl**, die Stühle _____

der **Schrank**,
die Schränke _____

das **Regal**, die Regale _____

das **Bett**, die Betten _____

die **Lampe**, die Lampen _____

das **Bild**, die Bilder _____

stehen, steht

Auf dem Tisch steht
eine Lampe. _____

die **Wand**, die Wände

Ein Zimmer hat vier Wände. _____

hängen, hängt

Die Bilder hängen an
der Wand. _____

liegen, liegt

Was liegt im Zimmer? _____

der **Teppich**,
die Teppiche

Im Zimmer liegt ein Teppich. _____

bunt   Der Teppich ist bunt.   _____

dunkel   Das Zimmer ist dunkel.   _____

hell   Mein Zimmer ist sehr hell.   _____

aber   Das Zimmer ist nicht groß, aber hell.   _____

sein, seine   Er mag seine Bücher.   _____

ihr, ihre   Sie mag ihr Zimmer.   _____

In München gibt es einen Zoo!

die **Stadt**, die Städte   München ist eine Stadt.   _____

laut   Die Stadt ist laut.   _____

es gibt …   Es gibt hier einen Zoo!   _____

der **Zoo**, die Zoos   Im Zoo sind Tiere.   _____

der **Bahnhof**, die Bahnhöfe   Der Bahnhof in München ist groß.   _____

die **U-Bahn**, die U-Bahnen   Es gibt eine U-Bahn in München.   _____

der **Bus**, die Busse   Ich fahre mit dem Bus zur Schule.   _____

die **Straße**, die Straßen   Es gibt viele Straßen und viele Plätze.   _____

der **Platz**, die Plätze   _____

der **Park**, die Parks   Der Park ist groß und grün.   _____

das **Stadion**, die Stadien   Im Park gibt es ein Stadion und ein Schwimmbad.   _____

das **Schwimmbad**, die Schwimmbäder

die **Wohnung**, die Wohnungen   Die Wohnung hat zwei Bäder.   _____

die **Sch<u>u</u>le**, die Sch<u>u</u>len	Ich fahre mit dem Fahrrad zur Schule.	_____
der **H<u>o</u>f**, die H<u>ö</u>fe	Wir spielen auf dem Hof.	_____
die **Biblioth<u>e</u>k**, die Biblioth<u>e</u>ken	Es gibt in der Bibliothek Bücher und Computer.	_____
die **Sp<u>o</u>rthalle**, die Sp<u>o</u>rthallen	Die Schule hat eine große Sporthalle.	_____
s<u>u</u>per	Meine Schule ist super.	_____
n<u>e</u>tt	Die Lehrer sind nett.	_____
s<u>ü</u>ß	Laura ist süß.	_____
n<u>eu</u>	Das Schwimmbad ist neu.	_____
<u>a</u>lt	Die Häuser sind alt.	_____
die **Str<u>a</u>ßenbahn**, die Str<u>a</u>ßenbahnen	Franziska fährt mit der Straßenbahn zur Schule.	_____
zu F<u>u</u>ß gehen	Ich gehe zu Fuß zur Schule.	_____
das **W<u>e</u>tter**	Bei gutem Wetter fahre ich mit dem Fahrrad zur Schule.	_____

die **Woche**, die Wochen   Die Woche hat sieben Tage. _____

Montag

Dienstag

Mittwoch

Donnerstag

Freitag

Samstag

Sonntag

der **Test**, die Tests   Mischa schreibt am Dienstag _____
einen Mathe-Test.

heute   Heute ist Dienstag. _____

morgen   Morgen ist Mittwoch. _____

Lottas Stundenplan

der **Stundenplan**,   Im Stundenplan stehen _____
die Stundenpläne   die Fächer.

das **Fach**, die Fächer   Was ist dein Lieblingsfach? _____

Wann?   Wann hast du Deutsch? _____

am   am Montag und am Mittwoch _____

das **Deutsch**    _____

das **Englisch**    _____

die **Mathematik** $49 - 12 =$ _____

die **Religion**   Wir lernen nicht Ethik. _____
Wir lernen Religion.

die **Ethik**   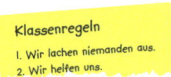 _____

Klassenregeln
1. Wir lachen niemanden aus.
2. Wir helfen uns.

die **Musik**   _____

die **Kunst**   _____

der **Spọrt**

das **Wẹrken**

der **Sạchunterricht**   Lotta hat am Freitag zwei
                                Stunden Sachunterricht.

die **Haụsaufgabe**,   Wir haben viele
                                Hausaufgaben.
die Haụsaufgaben

die **Stụnde**, die Stụnden   Was hast du am Samstag,
                                erste Stunde?

frei haben   Am Samstag habe ich frei.

Mathe finde ich klasse!

gut finden   Das finde ich gut.

blöd   Ich finde Malen blöd.

lạngweilig   Mathe finde ich langweilig.

klạsse   Ich finde Mathe klasse.

okay   Englisch finde ich okay.

der **Lẹhrer**, die Lẹhrer   Der Lehrer heißt Herr Weber.

die **Lẹhrerin**,

die Lẹhrerinnen

der **Schụ̈ler**, die Schụ̈ler   Was machen die Schüler?

die **Schụ̈lerin**,

die Schụ̈lerinnen

das **Klạssenzimmer**,   Der Lehrer und die Schüler
                                sind im Klassenzimmer.
die Klạssenzimmer

vorlesen, liest vor   Der Lehrer liest einen Text vor.

kontrollieren, kontrolliert	Der Lehrer kontrolliert die Texte.	_____
zurückgeben, gibt zurück	Herr Weber gibt die Texte zurück.	_____
anrufen, ruft an	Er ruft die Eltern an.	_____
zuhören, hört zu	Der Schüler hört zu.	_____
abschreiben, schreibt ab	Daniel schreibt den Text ab.	_____
aufräumen, räumt auf	Er räumt das Klassenzimmer auf.	_____

Endlich Pause!

die **Pause**, die Pausen	Lotta ist in der Pause auf dem Hof.	_____
der **Kiosk**, die Kioske	Lotta kauft am Kiosk eine Banane.	_____
das **Brot**, die Brote	Sie hat ein Brot in der Brotdose.	_____
der **Käse**	Sie isst ein Käsebrot.	_____
der **Apfel**, die Äpfel		_____
die **Banane**, die Bananen		_____
der **Joghurt**, die Joghurts		_____
der **Orangensaft**		_____

der **Müsliriegel,**

die Müsliriegel

Das schmeckt gut.   Der Müsliriegel schmeckt gut. _____

lecker   Kakao ist sehr lecker. _____

gesund   Der Apfel ist gesund. _____

Hunger haben,   Lotta hat noch Hunger. _____

hat Hunger

möchte   Was möchtest du? –   _____
     Eine Banane.

kosten, kostet   Wie viel kostet das? _____

das **Brötchen,**   Sie kauft am Kiosk   _____
     ein Brötchen.

die Brötchen

der **Schinken**   Das Schinkenbrötchen   _____
     kostet 80 Cent.

der **Apfelsaft**   Trinkst du gern Apfelsaft? _____

der **Kakao**   Ich trinke gern Kakao. _____

Am Dienstagnachmittag

fernsehen, sieht fern   Ich sehe am Abend fern. _____

einkaufen, kauft ein   Nina kauft mit ihrer Oma ein. _____

die **Spaghetti** (Pl.)   Nina isst gern Spaghetti. _____

abholen, holt ab   Lena holt ihren Bruder ab. _____

zu Mittag essen   Lena und ihr Bruder essen   _____
     zu Mittag.

das **Training**   Am Freitag habe ich   _____
     Karatetraining.

einmal, zweimal . . .   Ben hat dreimal pro Woche   _____
     Training.

Spaß machen	Das Training macht Ben viel Spaß!	_____
nach Hause gehen	Ben geht nach Hause.	_____
zuerst	Zuerst räumt Tobias sein Zimmer auf.	_____
dann	Dann sieht er fern und lernt.	_____
der **Morgen**, die Morgen	Am Samstagmorgen lese ich gern.	_____
der **Vormittag**, die Vormittage	Am Vormittag spiele ich Fußball.	_____
der **Nachmittag**, die Nachmittage	Ich habe am Nachmittag Training.	_____
der **Abend**, die Abende	Am Abend essen wir.	_____

die **Zeit**	Ich habe keine Zeit.	_____
die **Uhr**, die Uhren	Hast du eine Uhr?	_____
Wie viel Uhr ist es?		_____
Es ist drei Uhr.		_____

Ich stehe um sieben auf

Die Uhrzeit

Es ist drei Uhr.	Es ist zehn **nach** drei.	Es ist **Viertel** **nach** drei.	Es ist **halb** vier.	Es ist zwanzig **vor** vier.	Es ist **Viertel** **vor** vier.
_____	_____	_____	_____	_____	_____

um	Um wie viel Uhr stehst du auf?	_____
aufstehen, steht **auf**	Ich stehe um sieben auf.	_____
frühstücken, frühstückt	Max frühstückt um 7.20 Uhr.	_____
anfangen, fängt an	Um 8.00 Uhr fängt die Schule an.	_____
Die Schule ist aus.	Um 13.10 Uhr ist die Schule aus.	_____
nach Hause kommen	Wann kommst du nach Hause?	_____
schlafen gehen, geht schlafen	Ich gehe um 21 Uhr schlafen.	_____

Wie lange frühstückst du?

Wie lange?	Wie lange frühstückst du?	_____
von … bis …	Ich frühstücke von sieben bis halb acht.	_____
das **Frühstück**	Zum Frühstück esse ich Brot.	_____

das **Ei**, die Eier

_____

die **Tomate**, die Tomaten

_____

die **Gurke**, die Gurken

_____

die **Wurst**

_____

der **Honig**

_____

die **Marmelade**

_____

das **Müsli**

_____

der **Keks**, die Kekse

_____

der **Kuchen**, die Kuchen

_____

trinken, trinkt   Was trinkst du zum Frühstück?_____

die **Milch**   Ich trinke Kakao mit Milch.   _____

der **Tee**

_____

der **Saft**

_____

die **Minute**, die Minuten   Mia frühstückt 20 Minuten.   _____

das **Wochenende**,   Am Wochenende essen wir   _____
                            Brötchen zum Frühstück.
die Wochenenden

_____

Wie oft?	Wie oft trinkst du Milch?	_____
immer	Ich esse immer Müsli mit Milch.	_____
oft	Ich trinke oft Tee zum Frühstück.	_____
manchmal	Ich trinke manchmal Kakao.	_____
nie	Ich esse nie Eier.	_____

Nachmittags in der Schule

die **AG**, die AGs (die Arbeitsgemeinschaft)	Nachmittags sind in der Schule AGs.	_____
das **Theater**, die Theater	Wir spielen Theater.	_____
der **Schulgarten**, die Schulgärten	Wir haben keinen Schulgarten.	_____
arbeiten, arbeitet	Die Kinder arbeiten im Schulgarten.	_____
Schach spielen	Der Junge spielt Schach.	_____
ausprobieren, probiert aus	Lust auf Hiphop? Probier es aus!	_____
zusammen	Zusammen malen macht Spaß!	_____

Kommst du mit?

mitkommen, kommt mit	Ich gehe skaten. Kommst du mit?	_____
das **Kino**, die Kinos	Samstags um 11 Uhr ist Kino.	_____
das **Museum**, die Museen	Wo ist das Museum?	_____

Experimente machen, macht Experimente	Ich möchte Experimente machen.	_____
basteln, bastelt	Ich bastle gern.	_____
interessant	Das Museum ist interessant.	_____
täglich	Das Schwimmbad ist täglich auf.	_____
zu	Ich gehe zu Lena. Wir spielen.	_____
ins Theater gehen, geht ins Theater	Ich gehe morgen ins Theater.	_____
ins Kino gehen, geht ins Kino	Wir gehen am Samstag ins Kino. – Kommst du mit?	_____
Tolle Idee!	☺	_____
Ich weiß nicht.	😐	_____
Vielleicht.	😐	_____
Das geht nicht.	☹	_____
Ich habe keine Lust.	☹	_____

der **Monat**, die Monate   Das Jahr hat zwölf Monate. _____

Januar   Februar   März   April   Mai   Juni

Juli   August   September   Oktober   November   Dezember

Alles Gute!

der **Geburtstag**, die Geburtstage	Ich habe am 4. Mai Geburtstag.	_____
der **Kalender**, die Kalender	Die Klasse hat einen Geburtstagskalender.	_____
Alles Gute!	Alles Gute zum Geburtstag!	_____
Herzlichen Glückwunsch!	Herzlichen Glückwunsch zum Geburtstag!	_____
Viel Glück!	Zum Geburtstag viel Glück!	_____
Liebe … / Lieber …	Liebe Sophie, lieber Tim, …	_____
wünschen, wünscht	Ich wünsche dir alles Gute!	_____
das **Geschenk**, die Geschenke	Ich wünsche dir viele Geschenke.	_____
die **Party**, die Partys	Wir wünschen dir eine super Party.	_____

Ich lade dich ein

einladen, lädt ein	Ich lade dich zu meiner Party ein.	_____
feiern, feiert	Ich feiere am 15. Mai um 14 Uhr.	_____

die **Adresse**,

die Adressen

Meine Adresse ist
Tulpenstraße 42.

_____

beste Freundin

Sandra ist Livias beste
Freundin.

_____

bester Freund

Max ist Toms bester Freund.

_____

krank

Ramon kommt nicht.
Er ist krank.

_____

herzlich

Ich lade dich herzlich ein.

_____

die **Einladung**,

die Einladungen

Danke für die Einladung. Ich
komme gern.

_____

Geschenke

die **DVD**, die DVDs

_____

das **Spiel**, die Spiele

_____

der **Pullover**, die Pullover

_____

das **T-Shirt**, die T-Shirts

_____

die **Jeans**, die Jeans

_____

der **Schuh**, die Schuhe

_____

der **Rucksack**,

die Rucksäcke

_____

der **Ring**, die Ringe

_____

das **Eis**

Was ist dein Lieblingseis?

_____

die **Cola**

Ich trinke gern Cola.

_____

die **Pizza**, die Pizzen	Die Pizza schmeckt gut.	_____
die **Torte**, die Torten	Am Geburtstag esse ich viel Torte.	_____
die **Chips** (Pl.)	Ihr seht einen Film und esst Chips.	_____
für	Für wen ist das Geschenk? – Das Geschenk ist für dich!	_____
Karten spielen	Ich spiele gern Karten.	_____
der **Film**, die Filme	Der Film ist toll!	_____
sehen, sieht	Wir sehen einen Film.	_____
gefallen, gefällt	Der Film gefällt mir. Er ist lustig.	_____
besser	Was gefällt dir besser? Der Pullover oder das T-Shirt?	_____
lieber	Was machst du lieber? Filme sehen oder Karten spielen?	_____

Kannst du mir helfen?

helfen, hilft	Kannst du mir helfen?	_____
die **Überraschung**, die Überraschungen	Die Party ist eine Überraschung.	_____
können, kann	Sofie kann Klavier spielen.	_____
backen, backt	Kannst du einen Kuchen backen?	_____
die **Blume**, die Blumen	Martin kann Blumen kaufen.	_____
das **Fest**, die Feste	Anna backt Kekse für das Fest.	_____
schmücken, schmückt	Kannst du das Klassenzimmer schmücken?	_____
mitbringen, bringt mit	Wer kann einen Kuchen mitbringen?	_____

Die Kontinente

Nordamerika

Europa

Asien

Afrika

Australien

Südamerika

der **W<u>o</u>lf**, die Wölfe

_____

der **B<u>ä</u>r**, die Bären

_____

die **Schl<u>a</u>nge**, die Schlangen

_____

das **K<u>ä</u>nguru,**
die Kängurus

_____

das **Z<u>e</u>bra**, die Zebras

_____

der **L<u>ö</u>we**, die Löwen

_____

die **Gir<u>a</u>ffe**, die Giraffen

_____

der **Pịnguin**, die Pịnguine

_____

lẹben, lẹbt   In Afrika leben Zebras.   _____

gefährlich   Löwen sind gefährlich.   _____

Mein Tierlexikon

das **Lẹxikon**, die Lẹxika   Das Tierlexikon ist sehr   _____
                                    interessant.

der **Papageị**,   _____

die Papageịen

die **Rọbbe**, die Rọbben   _____

der **Ạffe**, die Ạffen   _____

der **Elefạnt**, die Elefạnten   _____

das **Krokodịl**,   _____

die Krokodịle

der **Tịger**, die Tịger   _____

das **Fụtter**   Der Elefant braucht viel Futter._____

frẹssen, frịsst   Der Elefant frisst sehr viel.   _____

die **Pflạnze**, die Pflạnzen   Er frisst Pflanzen.   _____

das **Flẹisch**   Der Tiger frisst Fleisch.   _____

der **Fịsch**, die Fịsche   Die Robbe frisst gern Fisch.   _____

das **Gewịcht**   _____

das **Kilogramm**,

die Kilogramm (kg)

Wie schwer ist ein Elefant? –
Er ist 6000 kg schwer.

_____

die **Länge**

_____

die **Größe**

_____

der **Meter**, die Meter (m)

Der Affe ist bis 1,80 m groß.

_____

der **Zentimeter**,

die Zentimeter (cm)

Der Papagei ist bis 80 cm
groß.

_____

tauchen, taucht

Die Robbe kann gut tauchen.

_____

springen, springt

Das Känguru kann gut
springen.

_____

fliegen, fliegt

Der Pinguin kann nicht fliegen.

_____

laufen, läuft

Der Pinguin läuft nicht
schnell.

_____

schnell

Der Wolf rennt sehr schnell.

_____

nur

Die Giraffe frisst nur Pflanzen.

_____

Welcher? Welches?

Welches Tier kann fliegen?

_____

Welche?

Welche Tiere können klettern?

Unsere Tier-AG

der **Hamster**, die Hamster

_____

die **Maus**, die Mäuse

_____

die **Spinne**, die Spinnen

_____

die **Schildkröte**,

die Schildkröten

_____

ạlle

Alle helfen in der Tier-AG mit. _____

die **Aufgabe**,

die Aufgaben

In der Tier-AG haben alle eine _____
Aufgabe.

der **Käfig**, die Käfige

Der Hamster lebt im Käfig. _____

sauber machen,

macht sauber

Wir machen die Käfige sauber. _____

füttern, füttert

Wir füttern die Tiere. _____

pflegen, pflegt

Wir pflegen unsere Schultiere. _____

vorstellen, stellt vor

Ihr könnt euer Tier mitbringen _____
und vorstellen.

das **Plakat**, die Plakate

Wir machen Plakate für das _____
Schulfest.

das **Meerschweinchen**,

die Meerschweinchen

Das Meerschweinchen frisst _____
gern Gurken.

der **Salat**

Es mag auch Salat. _____

der **Kopf**, die Köpfe

das **Ohr**, die Ohren

die **Nase**, die Nasen

der **Rücken**, die Rücken

das **Bein**, die Beine

der **Bauch**, die Bäuche

Frag nach!

das **Haustier**,

die Haustiere

Ich möchte gern ein _____
Haustier haben.

das **Problem**,

die Probleme

Ich habe ein Problem. _____

die **Frage**, die Fragen	Ich habe eine Frage an Herrn Kluge.	
fragen, fragt	Ihr habt ein Problem? – Fragt uns!	
antworten, antwortet	Ihr fragt – wir antworten.	
geben, gibt	Paul Kluge gibt Patricia Tipps.	
der **Tipp**, die Tipps	Hast du einen Tipp für mich?	
das **Geschäft**, die Geschäfte	Gibt es hier ein Zoogeschäft?	
die **Information**, die Informationen	Frag im Geschäft nach Informationen.	
spazieren gehen, geht spazieren	Geh mit dem Hund spazieren.	
der **Plan**, die Pläne	Schreib einen Plan.	
zu Hause	Hilf deinen Eltern zu Hause.	
mehr	Mach mehr zu Hause.	
bitte	Füttere bitte den Hamster.	
Keine Zeit!	☹	
Na gut.	😐	
Klar, gern.	☺	
der **Beruf**, die Berufe	Was sind Sie von Beruf?	
die **Tierärztin**, die Tierärztinnen	Frau Meier ist Tierärztin von Beruf.	
der **Tierarzt**, die Tierärzte		
operieren, operiert	Müssen Sie auch Tiere operieren?	

die **Jahreszeit**,
die Jahreszeiten

In Deutschland gibt es
vier Jahreszeiten.

_____

der **Winter**

_____

der **Frühling**

_____

der **Herbst**

_____

der **Sommer**

_____

der **Schnee**

Der Schnee ist weiß und kalt.

_____

schneien, **es schneit**

Es schneit nur im Winter.

_____

der **Regen**

Im November gibt es
viel Regen.

_____

regnen, **es regnet**

Es regnet oft im Herbst.

_____

die **Wolke**, die Wolken

Im Herbst gibt es viele Wolken.

_____

der **Wind**

Im Herbst gibt es viel Wind.

_____

der **Baum**, die Bäume

Im Herbst sind die Bäume
bunt.

_____

die **Sonne**

Die Sonne scheint.

_____

das **Gras**

Das Gras ist im Sommer grün.

_____

werden, wird

Das Gras wird im Frühling grün.

_____

blühen, blüht

Die Blumen blühen im Sommer.

_____

warm

Im Winter ist es nicht warm.

_____

kalt

Im Winter ist es kalt.

_____

heiß

Im Sommer wird es heiß.

_____

Jahreszeiten und Feste

man

Was macht man im Winter? _____

der **Schneemann**,

die Schneemänner

Ein Schneemann ist ein Mann
aus Schnee. _____

bauen, baut

Im Winter baut man einen
Schneemann. _____

der **Schneeball**,

die Schneebälle

Ein Schneeball ist ein Ball aus
Schnee. _____

werfen, wirft

Im Winter wirft man
Schneebälle. _____

Schlittschuh laufen

Man läuft im Winter
Schlittschuh. _____

das **Picknick**,

die Picknicke

Man kann im Frühling ein
Picknick im Park machen. _____

der **Drachen**, die Drachen

_____

steigen lassen,

lässt steigen

Im Herbst lässt man Drachen
steigen. _____

die **Kastanie**,

die Kastanien

_____

sammeln, sammelt

Man sammelt im Herbst
Kastanien. _____

baden, badet

Im Sommer kann man baden. _____

die **Natur**

Wie ist die Natur im Frühling? _____

das **Weihnachten**

Weihnachten ist im Dezember. _____

an Weihnachten

An Weihnachten schmückt
man den Weihnachtsbaum. _____

bekommen, bekommt	Man bekommt viele Geschenke.	_____
besuchen, besucht	Man besucht die Familie.	_____
das **Lied**, die Lieder	An Weihnachten singt man Lieder.	_____
der / das **Silvester**	Silvester feiert man am 31.12.	_____
begrüßen, begrüßt	An Silvester begrüßt man das Jahr.	_____
das **Feuerwerk**	An Silvester gibt es ein Feuerwerk.	_____
der **Mensch**, die Menschen	Viele Menschen machen ein Feuerwerk.	_____
der **Fasching**	Das Fest im Februar heißt Fasching.	_____
das **Kostüm**, die Kostüme	Dein Faschingskostüm ist toll!	_____
tragen, trägt	Man trägt Kostüme zum Fasching.	_____
fröhlich	Dann sind immer alle fröhlich.	_____
zu Ende sein	Der Winter ist bald zu Ende.	_____
das **Ostern**	Ostern ist ein Fest im Frühling.	_____
die **Kirche**, die Kirchen	Viele gehen an Ostern in die Kirche.	_____
suchen, sucht	An Ostern sucht man Eier.	_____
die **Süßigkeit**, die Süßigkeiten	Der Osterhase bringt Eier und Süßigkeiten.	_____

Ferienpläne

die **F**e**rien** (Pl.)	Die Sommerferien sind lang.	_____
b**ei**	Bei uns gibt es keine Herbstferien.	_____
Wohin?	Wohin möchtest du fahren?	_____
der **B**e**rg**, die Berge	Sie möchte in die Berge fahren.	_____
das **M**ee**r**, die Meere	Er möchte ans Meer fahren.	_____
der **S**ee, die Seen	Wir fahren im Sommer an den See.	_____
die **I**nsel, die Inseln	Ich fahre auf die Insel Rügen.	_____
das **Sch**i**ff**, die Schiffe	Ich möchte Schiff fahren.	_____
der **Z**u**g**, die Züge	Wir fahren mit dem Zug.	_____
n**ach**	Ich möchte nach Berlin fahren.	_____
wo**llen**, will	Milan will in den Zoo gehen.	_____
der **M**o**nd**	Ich will auf den Mond fliegen.	_____
das **Z**e**lt**, die Zelte	Ich will im Zelt schlafen.	_____

das **Sn**o**wboard**, die Snowboards	Ich will Snowboard fahren.	_____

der **Delf**i**n**, die Delfine	Delfine leben im Meer.	_____
mi**tnehmen**, nimmt mit	Was nimmst du in die Ferien mit?	_____
die **J**a**cke**, die Jacken	Ich nehme eine Jacke und eine Hose mit.	_____
die **H**o**se**, die Hosen		_____
die **Mü**tze, die Mützen	Ich brauche keine Mütze.	_____

die **Badehose**,

die Badehosen

der **Badeanzug**,

die Badeanzüge

Im Sommer braucht man eine _____
Badehose oder einen
Badeanzug.

_____

der **Schlafsack**,

die Schlafsäcke

Wir schlafen im Schlafsack.   _____

der **Schlafanzug**,

die Schlafanzüge

Nimm deinen Schlafanzug
mit.   _____

Die Ferien waren toll!

der **Bauernhof**,

die Bauernhöfe

Jan war auf einem Bauernhof. _____

das **Hotel**, die Hotels   Das Hotel von Lilli war toll.   _____

Angst haben

Lilli hatte keine Angst
im Wasser.   _____

Spaß haben   Wir hatten viel Spaß im Zoo.   _____

gestern   Gestern waren wir im Kino.   _____

Viele Grüße!   Viele Grüße aus Berlin!   _____

Herzliche Grüße!   _____

Bildquellen